繁盛店にはわけがある

小さなハッピーを届け続ける
「とよ唐亭」のこころ至上主義

豊永 憲司

梓書院

＊目次＊

第3章　とよ唐亭を繁盛店にした秘策

プロローグ　とよ唐亭の開店前夜

その夜、豊永憲司は死さえも覚悟していました。

先の見えない長く暗いトンネルの中にいるかのように、一筋の光も見えない暗闇がべったりとまとわりつく夜。胸の奥底に積もった重たくどんよりとした塊が、心と身体を石のように沈ませていました。

裸一貫、清掃の仕事から拡大していった内装業。建築業界全体がリーマンショックの煽りを受け、豊永の会社も害を被り負債を抱えました。電気が止まり、取り立てに追われる日々。数千万の借金を抱え、八方塞がりの状態の中、思い浮かんだのは、家族の心配と母のこんな言葉でした。

「病院でいちばん偉いのはドクター。お父さんはサラリーマンだったから、お前は小さくても自分で自分のやりたいことを実現したほうがいいよ。一度きりの人生、どうせやったら、社長にならんとね」

病院勤めをしていた母親が口癖のように言っていたこの言葉が、いつしか「社長になりたい」という豊永の夢になっていました。

「まだ大丈夫」

苦境に立たされながらも、絶望とは裏腹に、不思議と言葉にならない「確信」のようなものが自分の内部で消えずに残っていました。その火種が、今の成功の原動力、強力な下支えになっていきます。

トレードマークの赤い看板には、にっこり笑顔と指差しポーズの写真と「げんこつからあげ弁当」の文字。安くて手早く買える、からあげ弁当の専門店は、福岡県人なら、誰もが見かけたり、利用していただいたことがあるくらい、ポピュラーな存在になれているでしょうか。

これは、一人の青年が幾多の失敗を乗り越え、県内に54店舗を構える「とよ唐亭」の社長になるまでのサクセスストーリーであり、経営や人生における理念を共有するプロセスブックです。

豊永が絶望の中に見た、その確信とは何だったのか。答えを探していきましょう。

第1章　失敗の連続

体当たりでの起業

時は、豊永の学生時代に遡ります。

九州産業大学に通っていた学生時代。「社長になる」ことを常に目標に考えていた豊永は、手始めにスモールビジネスを始めてみます。

「最初は、水関連のビジネスでした。友人からの紹介で30万円ほどのハード商品を扱う代理店のような仕事をしたのが、ビジネスに携わった最初です。けっこう頑張って、東京の本社から誘いがくるぐらいの実績は出せたんですよ。その後、ある化粧品メーカーの社長さんと知り合って、そこの化粧品を使ったエステ商品の販売をやったりもしました」

10代後半、学生の頃からすでに商売のイロハとは何か、その感触と手応えを得た豊永は、通っていた大学を中途退学し、社会へ飛び出します。

「途中で辞めたのは、違和感があったからです。学校の中で、友だちと話してる時に、将来について就職の話とかするじゃないですか。僕だけ、話が噛み合わないんですよ。なぜかと言うと、僕はどこかの企業に就職したいという考えがなかったからです。ずっとこう、もやもやしていたものを抱えていました。具体的に『なんで社長になりたいの?』と聞かれても、ちゃんとした答えは多分出せなかったと思うんですよ。ただ、やっぱりなんとなく『自分の中で決めていた』というのが理由なのかもしれません」

それからは健康食品の訪問販売など、体当たりの仕事が始まります。どうしたら社長になれるのか、起業の手段を模索し始めた頃でした。

「夜の10時頃にピンポーンって呼び鈴を鳴らして訪問するんですから、まぁ追い返されますよね。でも、中には『あんた、何個がノルマなんかね』って心配して話を聞いてくれる人もいて、すごくいい勉強になりました」

持ち前の度胸と行動力をもって突き進む中、ある日、賃貸マンションで清掃員を見かけます。

「玄関のドアを開けっぱなしにして、おばちゃんがバケツを持って作業していたんです。『この人、何の仕事をしよるのかな？』と思って話しかけたんですよ。おばちゃんが『お掃除の仕事してんのよ』と気さくに答えてくれたので、どんな仕事内容？　誰から頼まれてやってるの？　みたいな感じで聞いていったんです」

自分にもできそう。そう思うと、不動産店へ直行。営業をかける直談判です。

「なるほど、住人が引っ越した後に掃除する仕事か。それならもう雑巾とバケツさえあればいいやろう、くらいな感じですよ。だから、近所にあった不動産屋さんに行って『やらせてください』って。びっくりされましたが、いちばん最初にとれたお客さんがそこでした」

とはいえ、簡単に仕事がとれたわけではなく、毎日通い詰める中で出てきたチャンスをものにしたと話します。

「朝、たまたまその会社で社長がトーストを焼いていたら、焼きすぎてトースター自体が焦げちゃったんですね。僕を見て、『ちょうどいいところに来た。この焦げ取っといてよ』って言われたので、持ち帰って黒焦げになったそのトースターを一生懸命きれいにして持っていったんです。もう、ピカピカに磨き上げました。

そこから初めてお仕事をいただいたんですけど、それが担当者によるミスからもらったもので……翌日入居する人がいるのに、掃除の手配を忘れてたんですね。でも、チャンスだと思って深夜から朝までかかって掃除して、それからです、ほんとにちゃんとお仕事をいただけるようになったのは」と苦笑いします。

今でいうハウスクリーニング業を始めた豊永。契約を交わし、それを機に、いろんな会社からどんどん仕事をとっていったのです。さらに、仕事に対する意欲は、そこで終わりません。仕事内容をさらに拡大させていきます。

「清掃していると、クロスを張ったりとか、いろんな業者さんが同時に作業にかかることがあるんですね。それで、職人さんと仲良くなって、『何やってんですか。クロス？

それって僕にもできるんですかね』という感じで内容を把握していきました。それで、『お給料はいらないんで、弟子にしてください』って手伝いを買って出て、技術をつけていったんです」

クロス張り、塗装……現場でプロに学び、知識を得ながら、できることを増やしていった豊永。次第に内装の仕事に興味を持ち、最終的にリフォーム業へと業務を拡大させていったのです。そうして、20代前半から10年ほどかけて、ハウスクリーニング業から総合リフォーム業へとシフト。社員を10人ほど抱えるまでに成長します。

現場でのひとこま

「社長になる」夢を実現させたのは、物怖じしないチャレンジ精神と、何より情熱。「何事も経験が物を言う」を体当たりで叶えていったのです。

倒産と再起

ここまでの頑張りが実を結び、順調に続けていた内装リフォーム業ですが、長い人生、順風満帆とはいきませんでした。バブル崩壊とともに、建築不況の時代が到来。取引先の倒産など、借入、借金が膨らみ、数千万の負債を抱えるという最大のピンチに陥ります。

追い詰められるほどに、人間の底力が試されることも確か。ここからまた奮起が始まります。リフォーム業の時から面白そうと感じていた店舗づくりに、可能性を見出していったのです。

「規格が決まった住宅って、つまらないんですよね。みんな同じ白い壁でフローリングで……当時はこの作業ばかりで少し退屈していたこともあって、それが店舗なら、毎回違うデザインで面白味がある。非日常感がすごく楽しくて、夢がある仕事だと感じました。それで、店舗づくりにシフトしていったんです。

いざ仕事してみると、やっぱり店舗なので、相手はもちろん商売のための空間を造るわけなんですよね。例えば、飲食店を懸命にやろうというお客さんに、こちらからいろんな提案をしてみたりするんですけど、なかなか伝わらない。『こうやった方が絶対売れますよ』みたいな提案をするんですけど、お客さんから見ると自分の思ってることと違ったり、予算の関係でなかなか実現できなかったり、ジレンマを感じるようになってきました。それだったら『自分で店をやったらどうだろう』という思いが芽生えてきたんです」

当時、借金を抱えながらも、「やってみよう」のチャレンジ精神は健在。その芯の強さが飲食業への扉を開けました。まず、豊永が始めたのは、バーでした。

「きっかけがバー経営のお客さんだったので、『自分ならこうする』という店づくりを見せたかったんです。理想のバーのモデル的な位置付けにしようという目的もあったんですね。なので、演出の技術とか照明のライティングとか自分のありったけの得意技を見せるかたちで、2000万円弱かけて造っていったんです」

ここから、昼間は建築業を続けながら、夜はバーで働く、という生活が始まります。

「実際は思っていたほどうまくいかないねという経営状態でした。やっぱり所詮素人なんだなと思い知らされました」と振り返ります。

立地の見極め、価格の設定、インスタントに毛が生えたくらいの料理のクオリティー……すべての算段が甘かったものの、しばらくの間、経営はなんとか成り立っていました。そんな中、世間を悲しませた飲酒運転事故が起こり、経営が傾きかけます。その後、バーから食事をメインにしたダイニングへとチェンジしますが、地域の客層と出している食事とのマッチングがうまくいかず、この店も起死回生とはいきませんでした。ここから、ミートパイの店、クレープ店、焼き鳥店、思いついたものは「やってみよう」精神で挑戦は続きます。

「ミートパイの店もそうですけど、オープンしてすぐ、いっときは調子がよいものなんです。新しい店が出きたこと、フード商

ミートパイスタンドロケッツ 久山店

品もなんだか目新しいということで注目度は高くて、開店当初はメディアにもかなり取り上げられたんですよ。さぁ、ここから勢いに乗って繁盛店にしていこうと。「戦略もうまくいって、これで勝ちだな」と思ったんですが、長続きはしないものですよね。人は一度は新しいものを試したいという欲求があるとは思うんですが、『また買いたい』という次に繋げることが最も肝心なんですよね。人気が出たのも一過性のもので、売り上げはどんどん落ちていきました」

立地、客層、サービスに加え、調理面でも考慮の足りない部分があったことと同時に、「日常的に食べるものがいいのでは」との結論に至りました。

「パイもクレープも簡単にできると考えていたけれど、難しいんだってことをつくづく感じました。見た目だけでお客さんは騙せない、『中身』が大事だなって。弁当屋と違って、パイやクレープというのは、レジャーシーンの一部じゃないですか。場所も適したところに出店していかないと、わざわざ買いに来るまでの味にならない限り、利益に結びつきません。いろいろ失敗しましたが、そういう経験がもたらす商売の基礎の部分を学ぶことはできたとは感じています」

次の夢は「100店舗」

技術と人材については、焼き鳥店を出してみて特にその重要性を痛感できたと話します。

「ちょうど焼き鳥店をスタートする頃、『社長になる』の次の目標『100店舗を目指す』ことをその時点で掲げていました。焼き鳥というのは、意外に手がかかるんですよね。一人前になるのに、すごく技術を要しますし、ある程度仕事を覚えてきた頃に、その人材に辞められてしまったりすると痛手になります。昨日今日入ってきた人がお店ですぐ美味しい焼き鳥が焼けるかというと、無理だと今では解ります。火加減、火の通り、串の頭と根元の部分でも焼き方が全然違ってくるんです」

試行錯誤、さまざまなハードルはありながらも、焼き鳥店に関しては13店舗を出店するくらいまで経営は成功していました。ですが、豊永はここで違和感を覚えます。

「出店についてもスーパーの前など需要の高そうな場所で移動販売車を出したりと、その頃には商売の勘もついてきていました。焼き鳥店は、売上げで言えば、唯一まともに商売として成り立っていたんですよ。小さい店でしたし、決して儲かってはいませんでしたが、赤字ではなかった。でも、１００店舗出すという目標を達成するのは、難しいかなという思いがありました」

経験から培ったノウハウを生かし、ビジネスを創出し、軌道に乗せることまではできていたものの、自身が抱く目標を達成するためには、店舗を出すごとに焼き物ができる人を育てていくことになる。その時点で見込める収益力を考えても、目標達成には届かないだろうと限界を感じていたといいます。

第2章　なぜレッドオーシャンに飛び込んだのか

唐揚げに着目した理由

多角的に模索してきた結果、徐々に、自分に適しているビジネスの輪郭が見え始めていた2009年。豊永は焼き鳥店を畳み、リーズナブルに唐揚げ弁当が楽しめる「とよ唐亭」を立ち上げます。

なぜ唐揚げに着目したのか。理由の1つには、焼き鳥を扱った経験と知識、技術が生かせたからと話します。

「鶏肉って、豚や牛に比べると原価が安いじゃないですか。より庶民的な食べ物なんですよね。『安くて、幅広い世代のみんなが好き』。そこに大きなメリットを感じて取り上げたのが1つありました。結局、焼き鳥は夜のおつまみにしかならないでしょう。これはやってみて、すごく実感したことなんです。焼き鳥店を経営していた時は、昼間も開けていたりしていたんですが、まず売れなかったんですね。

焼き鳥って、家庭ではなかなか主食になりづらいですし、晩ごはんで食べる家庭もあまりないと思うんですよね。ということは、必然的に営業時間が短くなる。でも、支払う家賃は一緒じゃないですか。というところで、やっぱり夜だけじゃなく、昼間も利用してもらえるような食べ物がいいなと考えるようになったんです。だけど、始めから「唐揚げ弁当」にしようと思ってたわけではないんですよ。『弁当屋さんをやろう』というのが最初に浮かんだことでした。」

100店舗の出店を目指すのであれば、日常的に利用頻度が高く、昼でも夜でも食べたくなるようなものがいい。万人がほしがるというところで、自分なりにいろいろ考えて出た結果がお弁当屋さんだったといいます。そこからリサーチが始まりました。

「いろいろ考えた時に、弁当屋というカテゴリーで見ると、ほっともっとさんってすごい強敵がいます。その壁がある限り、なかなか難しいという結論に達しました。当時、福岡県内で250店舗ぐらい展開されていて、そうなると、僕が今後、お店を100店舗拡げていくにあたって、確実にライバルになってくる。これは、正面から行ったら勝ち目がないというところで、『どうしたら勝てるか』という点を考えたんです。考えに考えて、そうして出た答えが、『売れ筋を専門にした弁当屋』にすることだったんです」

あらゆる弁当店で売れ筋トップ10を調査したところ、唐揚げ弁当はどこの店においてもトップ3に入る人気メニューであることに着目します。

「しかも、『安い・うまい』の鶏肉でしょう。今回は前のように行き当たりばったりで始めるのではなく、準備期間を設けて試作やコンセプトをしっかり決めていきました。

カッコよすぎず美味しすぎず⁉

始めに、コンセプトを決めるにあたって大事にしたこと。それは「何のために、どんなものを、誰に向けて、どう届けるか」ということでした。

「店舗を造っていた側の人間からすると、つい見た目をカッコよくしたいと思いがちなんですね。最初にスタートしたバーがそうでした。だけど、それは本当に間違いでした。失敗してわかったことがあるんです。『お店づくりは、メッセージ』なんだということ。お客さんに向かって、『うちはこういうお店で、このぐらいの価格帯で、こういうお客さんを対象に営業しているお店です』ということを、表現する場所なんですよね」

豊永が考えた弁当店は、決してカッコよくはなく、ちょっと田舎臭くて、手作り感があって、値段が安く気軽に買える店。カウンターまで行かなくても、店の前を通った時に外から金額が明確にわかって、道ゆく人が「安いね、ちょっと試しに買ってみようか」と思うような店づくりでした。

そうして、食べ物にふさわしい情熱の赤をテーマカラーに取り入れた1号店が出来上がっていったのです。

次に、コンセプトと同じく大事にしたのは、オーダーが入ってから提供するまでの時間。「スピード」をいかに早くするかというポイントです。

「飲食店って売れる時間はある程度決まっているんです。昼の時間帯と夕方が勝負。そこで、もし唐揚げを揚げるのに5分かかったとしたら、1時間で12組の提供がマックスになってしまいます。しかも、2人目のお客さんは、最長10分間待つことになります。じゃあ、いっぺんにお客さん3組来たら15分待つことに。お店側からすると人が並んでいることになりますから、見た目はいいですよ。でも、これは大きな間違いなんです。お客さんが来た時に、お待たせすることなく、1、2分で出せるのが理想だと思うんですよ」

では、それを実現させるためにはどうすればいいのか。試行錯誤した結果、一度揚げておいた唐揚げを二度揚げするというアイディアが浮かびます。これならオーダーを受けてから提供するまでの時間設定はわずか1分半。

「同じ5分でも、テーブルに座って喋りながらだとあっという間に経ちます。テイクアウトの待ち時間って、イートインのお店に比べると感覚的に長く待たされていると思ってしまうんですよね。揚げ時間を短縮することで、お待たせすることもなく、回転数を上げることができます」

考え抜いて、迎えたオープン日。最初はスタッフを雇う余裕もなかったことから夫婦二人三脚でのスタート。3坪しかない小さなスペースからの再出発でした。

「割と自信を持ってスタートしたんですが、思ったほど、いえ、全然売れなかったんです。今までいろんなお店を出してきて、出だしの感覚で大体売れ行きがわかるようになるんですね。でも、最初の1日、2日で『これはちょっとやっちまったかな……』というのが正直なところでした」

とよ唐亭1号店 二日市駅前店

正真正銘、最後のひと勝負。生命保険も解約して臨んだビジネスに、豊永はこれまで培った経験、技術、人生……すべて賭けていたと言っても過言ではありません。
「1週間ほどは、妻と顔を見合わせても二人とも無言で作業していたんですが、だんだんと売れるなと確信したのは、1日目に来てくれたお客さんが2、3日経ってまた来てくれて、5日目ぐらいに2日目に来てくれたお客さんの顔を見つけた時点からです。『あ、また来てくれたんだな』ってホッとしました。1号店に関しては、立地的にちょっと間口が見えにくい場所にあるお店だったのもあるのかもと後々思いました」

リピート率がすごいと気付き始めてから、最初の不安はだんだん自信へと変わっていきました。2、3ヵ月が経ったところで客足は途絶えることなく、軌道に乗り始めたのです。それから半年後に2号店を出店。そこには、豊永自身の写真を載せた、トレードマークの赤い看板が掲げられました。

「自分の顔を出すというのも、私からお客さんへのメッセージなんです。『うちは唐揚げ弁当を専門でやってるお店ですよ。代表はこんな感じですよ』と。やっぱりアイキャッチは大事ですし、キャラクターを作って出すよりも人物の方がインパクトというか目を引いて覚えていただけるかなと思ったんです。それに、僕自身が表に出ることで逃げ道をなくすというか、これまで本当にさまざまな商売をやってきて、うまくいかなかったらやめてを繰り返していた自分に対しても、ここで覚悟を決めたという感じですね」

第3章　とよ唐亭を繁盛店にした秘策

徹底した下準備

2号店を出す際、豊永が大事にしたのは「人材」と「オペレーション」です。

「当然、体は1つしかないので、2号店を立ち上げる時に『この店を任せられる人が必要だよね』と真っ先に思いました。そして、人に任せるということは、安定した味、待ち時間の設定等のオペレーションや接客など、細部までマニュアル化が必要だということでした」

出店するまでに、半年近く準備段階を設け、一つひとつ詰めていきました。とよ唐亭の商品力を保つため、安定した味を提供するオペレーションはマストです。

「まず、味に関して要にしたのは『美味しすぎない』ということ。言い方を変えれば、『あまりインパクトを出しすぎない』こと。それはなぜかと言えば、いくら美味しくて食べた瞬間にうまい！ってインパクトを感じても、塩やニンニクがきつければ、明日また食べたいとは思えないでしょう？　続けては食べられないと思うんです。だから、『美味しすぎない』という意味は、明日またもう1つどうぞと言われて食べられる美味しさだということです。

大きさや食感についてもこだわりました。げんこつからあげは、小さすぎず大きすぎずが基本。小さいと食べやすい代わりに時間が経つと乾燥して硬くなってしまいますし、大きすぎると加熱するのに時間がかかるし、食べにくい。要はバランスですよね。大きさと食感、スピードのバランス。それを考えた時に、今のあのサイズと二度揚げする方法に行き着いたんです」

また、持ち帰りに時間が多少かかっても、家で食べた時に美味しく食べやすいのが、げんこつからあげの魅力。

「出来たてを食べるのと、30分ぐらいかけて持ち帰って食べるのとでは違いますよね。揚げたてのいちばんいい状態って絶対に美味しいでしょう。ですから、ある程度、温度が落ち着いた時に食べた時の感覚と、昼に作った唐揚げを夜食べるくらい完全に冷めてしまったものと、その状態で味や食感がどう変化するか何度も何度も試作しました。今でもブラインドテストを定期的に行っています」

出来上がり、2時間後に食べた時、夕方、季節……そのタイミングごとに修正部分が出てくるため、「いつ食べても美味しい状態」に調整する困難さを痛感。それゆえ、オペレーションが重要になってきます。

味が定まると、肉の加工、下味つけまではセントラルキッチンで行い、揚げる作業は各店舗で行う流れで決定しました。季節に応じて、粉の調整などディテールはその都度味のバランスを考えながら変えていきます。

「うちには2種類しか唐揚げのメニューがありません。味をこの2つに絞った理由もそこにあるんです」

人を大事にする組織づくり

では、「人材」については、どんなふうに考えていったのでしょう。

工場、現在稼働している52の各店舗、企画等を行うオフィスを運営する中、とよ唐亭ではアルバイトの高校生から上は70代まで、さまざまな人が働いています。採用のポイントから、軸は「人を大事にした組織づくり」ということが見えてきます。

「時代を問わず、スタッフには元気に挨拶ができて、コミュニケーション能力が高い人が求められるかもしれませんが、今はなかなか人を採用するのが大変ですし、それほど重要とは考えていないんですよ。それより、アルバイト・パートの人であっても、うちの考え方や目標としているところに理解を示してくれる人だと嬉しいです。

僕がいちばん大事にしているのは何かというと、仕事力よりも人間力。いくら仕事ができたとしても、人としてどうあるべきかっていうところですよね。だから、周りから尊敬される人間になろうという気持ちがあるかどうか、注意を素直に受け止められたり謙虚であったり、そういう前向きな気持ちで働けるかどうかという点に関してはすごく力を入れています」

新人はみんな、初日にオリエンテーションを体験してもらうことから始まります。複数店の店長たちを束ねているブロック長が担当し、会社として大事にしていることは何かを2時間ほどかけて丁寧に行っていきます。

「オリエンテーションの内容としては、仕事の作業指南というより、心的なものを伝える機会にしています。言うならば、『僕たちは唐揚げ屋さんじゃない、売ることだけが僕たちの仕事ではありません』というところを理解してもらいたいんです。じゃあ、それは何なのかといえば、ハートの部分なんです。お客さんに商品を買っていただくとともに、ハッピーを感じていただく。みなさんの生活の中心である食卓をハッピーにするということを提供しているんですよと伝えたいんです。お客さんにとっても、極端かもしれませんが、唐揚げ自体を食べるために買いに来ているだけじゃなく、唐揚げを食べて『おいしい』って幸せな気分になること、家族や一緒にいる人とハッピーな気持ちを分かち合えることに喜びを感じるんだと思うんです。だから、全ての業務はそこに繋がっているんだよということを理解してもらえたら満点です」

「商品と一緒に、ハッピーを提供する」その軸の部分を理解して、働くことに本質的な喜びを持ってもらえたら、接客やスタッフ同士で交わす言葉、気持ちが違ってくる。仕事は後からついてくると話します。

「そこを理解してもらうことで仕事に取り組む姿勢、態度が変わってくるのは事実です。中には、『いろんなところで働いてきたけれど、こんな会社は初めて』とすごく共感してもらえて、社員になりたいと希望する方もおられます」

社員の教育も基本的には同じ、オリエンテーションを中心に形成されています。

「社員教育も行う内容は基本的には一緒です。ただ、それをしっかりアルバイト・パートのスタッフに落とし込んでいく立場になってほしいので、コミュニケーションの大切さも踏まえて、しっかり飲み込んでくれるよう伝えています。

ただ、これだけは1回口頭で伝えて、2時間くらいの説明で分かるようなものでもないんですね。ですから、その後に社員が週に1回集まって開いている会議での時間を大切にしています。

一般的な会議で想像するのは、数字のことだったりするでしょう。だけど、うちの会議では、売上げ云々の話はほとんど出てこないんですよ。極端な言い方をしたら、数字って結局は結果でしかありませんよね。そういう話ばっかりしちゃうと、空気も悪くなるじゃないですか。売上げを達成できてないから給料を下げるとか、そういうことでなく、その人

会議の様子

たちがすべきこと、できることを最大限やってくれてるわけだから、結果が出なかった、売上げが悪いのは僕のせいですって伝えて、実際その通りだと思うんですよね。

それよりも社員の教育面を底上げしていく時間にしたいんです。ですから、売上げを上げるためにというところより、人として、みんなが信頼を得られるような人間になろうとか、雑談や相談に近い集まりを開いているんです。『今週1週間やってみて、こんなことがあった、あんなことがあった、こういうことで困った、今こんなことで悩んでいる』というような内容を、職位も関係なしで話し合うんですね。そういう報告会みたいなことを参加できるスタッフで毎回30名ほどが集まって、わいわい話しています。

上司たちが先陣を切ってそういう親しみやすい空気をつくっていく感じですから、うちの会議はテンションが上がるんですよ。終わった時にはすっきり、モチベーションが上がって、『明日からまた元気に仕事ができる』という声が多いです」

会議はグッド・バイブスで

悩みをシェアして、それに対してみんなが意見を出し合い、解決することも少なくないといいます。具体的にはどんなことがあるのでしょうか。

「いちばん多いのは、スタッフ同士のコミュニケーションの問題です。『こんなふうに言っているけど、なかなか解ってくれない』とか、何度注意しても遅刻がなかなか直らないとか……。それに対する解決法としては、まず会議の場でそのことについて言いやすい環境をいかに作るかというところなんです。

役員も含めて、役職のある人間が、自分から積極的に話しやすい場づくりを心がけ、言葉遣い1つとってもかしこまらないようにしています。問題があるのに言いたいことも言えない環境というのは、ただ時間をムダにしてしまうだけになってしまいます。だったら、何を言っても間違いはないし、怒られることもない、会社批判もOKという空気づくりを、これまで時間をかけてやってきたんです。そうすると、とにかく思っていることを言いやすくなって意見が出るようになったんですね。同じように、その声に耳を傾ける「聴く力」も養われていきます。そうやって、現場での困りごとを一つひとつ丁寧に拾い上げて解決の方向へ持っていく。基本的にはそういうスタンスで、ディスカッションを通じて、僕やうちの会社の考え方を浸透させていきたいという目的です。それがうちの社員教育です」

一人ひとりが自分の意見を言えて、否定されない優しい空気づくり。それは、少しずつ人を変える力として作用してきたようです。

「最初は、自分からなかなか発言もできないシャイな社員が回を重ねるごとに場に慣れてきて、自分らしく発言できるようになったりすると嬉しいんですよ。『ここではもう遠慮しなくていいんだ、何でも言える場所なんだ』って、いかに感じてもらうかが、いろんな問題を解決する入口なんです」

個々の声を受け止め、それがチーム感や組織づくりにつながっていく。豊永が考える組織とはどんなものなのでしょうか。

「組織をつくるなら、できるだけシンプルに、階層を少なくしたいと思うんです。風通しがいいとか一般的にはよく言われますけれど、やっぱり上に報告して、そのまた上に上げて、みたいなそういう組織づくりというのは、違和感を感じます。だからといって、僕が社員全員と対話できるかといえばなかなか難しいですから、できる限り会議の場などで話すように心がけています」

少しでも働いてくれている人との距離を近くしたい。思ったことがちゃんと言えて伝え合える、そういう組織が理想だといいます。

現場を担ってくれているのは、アルバイト、パート、社員、店長。そして、普段の業務では、ブロック長が店舗と会社とをつなぐ役割をしています。日頃はブロック長から、現場のフィードバックをもらい、改善点やいい面は取り入れながら、モチベーションを高めて良い雰囲気をつくっていく。それが数字にも反映されていくといってよいのかもしれません。

ともに働く人たちの声を拾い上げる場としては、半期に1回の面談もあります。主には、部長とブロック長がそれぞれの持ち場で面談を行い、さまざまな問題を吸い上げ改善するきっかけにしています。パート・アルバイトスタッフに関しては店長が、社員についてはブロック長と部長が面談し、近しい間の人たちで意見交換を行うというスタイルです。

「面談については、自己評価を大事にしています。小さなことでいいんです。それぞれ個別に、半年間の目標を立ててもらって、それに対して自分がどうだったかというところを自己評価してもらいます。それを店長なり部長の評価とも擦り合わせながら、また次の半年間で、『これにチャレンジしてみようか』と提案していきます。その目標に至るまでの努力や、何かしらその目標が達成できていれば、それは当然、給料面でも反映していきます」

適材適所で輝いて

長年、さまざまな人と接してきて痛感しているのは、やはり人間力が不可欠だということ。もしもアルバイトや社員から、ステップアップしたい場合、求めるのは、人間関係をスムーズに動かしていくことを意識できるかどうか、そういった部分が身についているかどうかだと豊永は話します。また、適材適所というポイントも、組織において重要な位置付けです。

「仕事というのは、人と人が創り上げていくものですから、その部分を大事にしながら、さらにその人の特性に合わせた仕事ができるかどうかというところまで意識すべきだと思っています。うちは、割とみんな適材適所にはまってる方が多いのかなとは感じています」と話しながら、ある一人を例に挙げました。

「今、うちで営業企画のマネージャーとして働いてくれている人物がいるんですが、前の職場では空回りして周りとうまくいかなかったんですね。彼自身はやる気に満ちていて、いろいろ工夫する能力があったんです。本人的には一生懸命にやって、『こんなものを作ったよ。こんなに売れたよ』という実績を見てもらいたかったけれど、周囲との温度差がありすぎてギクシャクしてしまったとか。そのうち会社が立ち行かなくなったのを機に、うちで採用の話があって、私は彼と一度面識がありましたし、好印象でしたから、いいですよと二つ返事をしました。それで、入ってもらったら積極的に会社のことを考えて実行してくれて、いわゆるアイディアマンなんですね。入社して3年経ちましたが、見事に能力を発揮してくれています」

出る杭は打たれる。その杭は見方によっては長所であったりすることも少なくありません。出っ張りがあれば、引っ込んでるところもある。そんなでこぼこが人間らしさだといいます。

「だから、出っ張ってるところをいかに伸ばして、引っ込んでるところが足りない部分だとしたら、改善していこうという提案もできるし、そこもできるだけカバーできるように、チームとしてまとまっていけるかが大切です。うちは人の悪口を言わないというのがルールなんですね。その引っ込みがあるから、こいつはダメなんだなんて言ってしまったら、元も子もないでしょう。完璧な人間はいないんですから。その出っ張ってる部分をマイナスのままじゃなく、いかにプラスに持っていけるかなんですよね。彼は結局、そういう工夫が好きで、何でもどんどんチャレンジしてくれる。そういう部分を非常に評価しています」

この3年の間に、次々に企画を立て、ブランドづくりに貢献してくれたと、豊永は生き生きとした表情で話を続けます。

「イベントの企画やメディア関係の取材対応などやってくれている中で、例えばメディアからの提案に対して、『うちはこういうところが魅力だからこうした方がいいんじゃないですか』って対案を提案する柔軟性があるんです。彼がいなかったら、今の数字はないのかなとも感じます。だけど、そんな彼も前の職場というフィールドでは、どんなに頑張っていても報われなかったというのも現実。相性であったり、自分にとって、ここは適材適所かどうか見極めることが人生には必要なのではないでしょうか」

もちろん会社側の判断もそう。外から噂や評価が耳に入ってきたとしても、自分でその人と接し、判断することもまた豊かな人間力を養う糧となる部分かもしれません。

また、アルバイトから社員へと昇格した、もと引きこもりの男性の話も飛び出しました。

「もともとはその方のお母さんがうちの店でパートとして働いていらして、うちの引きこもりの息子をどうにかできないかと相談されたんです。

その子は前職で塗装業をしていて、あんまり人とコミュニケーションを取るのが上手じゃないこともあって、どうやらいじめ的なものに遭っていたらしいんです。その前の職場でも、同じような感じだったようです。それで、アルバイトとして入ってもらいました。最初は社員になりたい気持ちも多分なかったと思うんですよ。

お客さんと接する仕事というのは、多分向いていないと本人も思っていたので、それ以外の仕事を任せるようにしました。最初はどうでしょうね。嫌だったかもしれないですけれど、しばらくうちで働いているうちに、ちょっとずつ楽しくなっていったみたいです。周りと打ち解けて、苦手なコミュニケーションもだんだんと取れるようになって、『社員になってみたい』という気持ちが湧いてきたんじゃないでしょうか。

それで、社員になってから、スタッフやお客さんともコミュニケーションを一生懸命とっているうちに、だんだん自信がついて明るくなっていったんです。

そういう意味では、うちの社風というんでしょうか、全てを悪くとるのではなく、受け入れる姿勢というものをみんなが前提にして人と接していて、彼にもそれが伝わって、うちで働くことに魅力を感じてもらえるようになったんじゃないかなと思います」

通じ合うこと。初めからは難しくても、互いにそうしようと意識を向ける空気、ささいなことにも「ありがとう」と感謝できる素直な心が、現場の業務をスムーズに運ぶ秘訣にもなっています。

「社員になってからは、まずは週1の会議ですよね。その中で、彼はこう発言したんです。『自分はコミュニケーションが苦手なんです』と。それをみんなの前で言える時点で、もうOKですよね。僕も彼のことを信頼していますし、もう引きこもりという感じは全くしません。

本人もうちに来て、『自分が変われた、積極的な自分になれた』と、自分の思っていることをみんなに伝えられるようになりましたから。お母さんは今は勤めていませんが、喜んでくださっているんじゃないかなと思います」

その人の陰だった部分に、光を当てること。周りの環境が整っていると、花も芽が出てのびのびと生長していくように、人もまた居場所を見つけ、自分らしく輝きたい、誰しもそう思うのではないでしょうか。

その空気感がやる気や積極性を育み、女性の活躍の場にもなっています。

「もともと30代でパートスタッフとして入ってきて、そこから社員になって、今はブロック長を務めている女性もいます。特別仕事ができるから、彼女を引っ張り上げたというわけではありません。自分からこの会社でもっと頑張りたいんだという意志を見せてくれて、工場スタッフからステップアップしていった方なんです。店舗の仕事もちょっとやってみたいなというところから、彼女の頑張りが認められて、今があるといった感じです。

彼女は人が好きで、みんなで試行錯誤しながらチームでやっていくことがすごく楽しかったみたいで性に合ったようです。うちでも結婚を機に仕事を辞めて専業主婦をしていて、子育てが落ち着いたから働きに出る方が少なくないんですが、その中にもっとバリバリ働きたい人がいて、その熱がうちの空気に触れた途端、火がついたという感じでした。だから、彼女の受け持ったお店のスタッフたちも、会社に対する見方がポジティブなんです」

一人ひとりのスタッフが、場の雰囲気や周りの人をよい方向へと変える力を持っている。「この今の会社の組織の空気、結局お店って自分ひとりじゃできない、みんなに力を貸してもらってるからできるんだよねって再認識します」と、しみじみと話す言葉に、当時の苦い失敗が蘇ります。

「ひとりじゃできない。そこが転機だったのは、間違いないと思います。昔の自分はかなりのワンマンタイプだったので、そのことに気付けずにいたんですよね。今は、みんなのことを、ただお店を回してもらっているだけの存在とは思えないですし、チーム一人ひとりにスポットを当てていかないと全体がまとまらないというところも実感して、覆面調査を実行するようになったんです。

そうすると、僕の目には留まってないところで、『こんなに頑張ってくれているんだ』という人がどこのお店にも出てきて、会議が終わると、いい気持ちで『また頑張ろう』という空気感になっている。そして、その上がったモチベーションをまた、それぞれの店舗に持ち帰っていってもらうんです」

「いいじゃん」「それ、すごいよ」の言葉の力で、気持ちや心がけがグンと変わってくるといいます。

「まさに空気ですね。今は自分が理想としていた、気持ちのよい空気がちゃんと浸透して循環してるんだなって嬉しく思います。そこは本当に時間をかけてやってきましたから」

店も人も成長あるのみ

「いい空気づくり」ができると、自ずと誰もが機嫌に左右されることなく、人と接することができるよう努力できるようになる。その積み重ねがその人自身の成長にもつながります。空気づくりの次のミッションは、一人ひとりに対して、「いかにこの人を輝かせられるか」ということ。

この豊永自身の気持ちの変化を、そばにいて見てきた人間がいます。それは、高校時代の同級生である常務であり、豊永の考え方に変化をもたらしたきっかけにもなっているといいます。

「会社全体の空気が変わってきたなって、実感し始めた時期があるんです。店を始めた頃は、最小限の人数で回していましたから、まだアルバイト・パートさんが店長を務めるというスタイルでした。そこから社員を積極的に取っていこうという風に切り替えた、まさにそこからですね。

15店目を出す頃、『社員がいたほうがいい』と助言をくれたのが、常務でした。『お店が増えてきて、日々頑張ってくれているスタッフがいるんだから、社員として働いてもらったほうが会社としてももっと良くなるはずだ』って。最初はそうかなと疑問に思ってもいたんですが、切り替えてやっていく中で、『社員って心がけが違うんだな』と、だんだん思うようになっていったんです。

社員は、自分の人生の3分の1ぐらいの時間を会社に預けてくれているわけですよね。その人の中で会社が占める割合というのは、圧倒的に大きいし、やっぱりその心構えの部分で気持ちも違ってくる。だから、社員を増やしていくにあたって、まずもって僕が大事にしたかったのは先ほど話した『いい空気づくり』だったというわけなんです」

この時から、今の今も、楽しいお店づくりが最大の仕事。その甲斐あって、労働問題のトラブルなどは一切ないといいます。

「ちょこちょことした問題はありましたけど、記憶に残るほど大きな衝突はありません。会社側を理由にした離職ということでなく、ご自身の都合で辞められた人はたくさんいるんですよ。会社側を理由に、という人を敢えて挙げるなら、結局、僕らが大事にしてること、会社が目指している組織の仲間づくりについて理解してもらえなかった方はいました。

『それって綺麗ごとでは？』みたいな感じで、結局は結果を出した人が勝ちという利益至上主義的な考え方の持ち主でした。今までバリバリ数字の世界でやってきて、それで、うちの会社で出世しようと思ってやってきた人も多いんですね。そういう人は、会議に出たりしても、『もっと厳しくやるべきじゃないですか？　なぜ会議で数字が出ないんですか？』　そういうことを言ってきます。でも、今この状態のうちが在るのは、それもこれも全部踏まえた上で、今のスタイルになっているわけです。だから、それを理解してもらおうと思って、会議の場だったりで、ずっとそういうことを伝えていくわけですが、難しい人にはすごく難しいんですね。この会社で例えば上を目指すのであれば、そこまで理解してくれる人でないと無理で、こういった理念や考え方が違うというなら、結論として、うちでは上には上がれないんです」

そこから、豊永が考える「とよ唐亭」スタッフの理想像が見えてきます。

「一個人としては、例えばすごく接客ができて、お客さんにもすすめ上手で、彼が入ると、売り上げがちょっと上がるという人がいたとします。でも、うちの評価は何もないんですよ。そういう人はやっぱり『やってらんない』ってなるんです。もっとその人が求める正当な評価をしてくれるところの方がいいですよね。ですから、自然と辞めていくんです。その人がよしとする売上げ至上主義というか成果主義というか、うちはそこが一番の肝ではないんですね。売上げではなくて、上に立つ人は人としてどうあるべきか。そこをきちんとできないと、人がついてこないですし、売上げ以前の問題になってきます。価値観の違いは大きいですし、そこを履き違えると全部が崩れてしまうんです」

数字でなく、人の存在に価値を抱き、育てていく。その中で、みんなが同じ色に染まる必要はなく、店舗それぞれにカラーがあっていいとも話します。「現場力こそ、うちのエネルギーの源です」と。

「今のスタッフの中でも、いろんな人がいますから、店舗によって雰囲気が異なるのも僕はいいと思っています。店としてみんなが大事にしていることが同じであれば、極端な話をすると、多少仕事ができない店長がいたとしても、人として信頼できていれば、周りのスタッフが『あの店長だから、俺らが助けてやるか』みたいな空気が生まれます。もちろん、店長は日頃から自分がいない場合を考えて人を育てていますが、それはそれでいいと思うんですよ。個性の異なる人たちそれぞれがちゃんと輝けていられたら。その核心の部分はすごく意識しています。だから、『あいつはダメ』とか、そういう態度を取ることは基本的にないですし、あってはいけないないんです」

あるスタッフがくれたギフト

その人の特性や個性を尊重しながら、改善したらもっとよくなるポイントに気付いたら、その都度、取り入れていくよう提案していくのが、豊永のやり方。

「例えば、話し方です。会議の中で、物事を説明するときに、ストーリーを1から10まで話して、最後にだからこうなんですよと話すとするじゃないですか。会議はビジネスの場ですし、みんな時間を割いて集まっているわけです。ですから、ちゃんと分かりやすく伝えるために、結論から話すこと、話す訓練をしようとアドバイスしたりはします。

もちろん、それはその人自体を否定することとは違うんです。あなたはあなたのままでいい。だから、あなたのスタイルが仮にうちに合わなかったとしたら、違う道を進んだほうがきっとハッピーになれる。だから、辞めることに対しても、僕は肯定的に話しますし、みんなにもそう伝えているつもりです。

だって、毎日毎日、朝起きて、仕事に行くことが嫌だなって思いながら10年過ごすぐらいなら、すぐに辞めたほうがいいでしょう？　辞めずに頑張るのが美徳だみたいなことは思っていませんし、辛いことだと思います。自分のためになるのであれば、我慢することも大事だとは思うし、乗り越える経験をすることも時に重要かもしれないけれど、無理なら辞めるは賢明だと思います。無理しすぎて病んでしまったら元も子もありませんし、だからこそ、必然的にうちに合う人間が残るようになるんです」

例えば、世界が１００人の村だったとしたら。

「その100人全員がここで働いて幸せにはなれないかもしれない。けれど、50〜60人ぐらいだったら、その可能性はあるのではないか」と豊永は話します。

「その50〜60人はもしかしたら他のところでは合わないかもしれないけれど、うちでマッチするんだったら、その後、ずっと働いてくれている間、大きなトラブルは出てこない自信はあります」

互いの生き方を尊重し、人を大切にする精神。豊永自身も、若い頃、がむしゃらになっていた時にはワンマンタイプで見えなかったことでした。社員を採用するようになった常務の言葉と同じように、そのことに気付かせてくれたのが、他でもないスタッフだったと語ります。

「僕はその時、もうお店には立っていなかったんですけど、ある時、たまたまある店舗に用事があって行った時に、一人のアルバイトスタッフがお客さんに『いらっしゃいませ』と挨拶をして、世間話をしてたんです。『今日は大変でしたね、また来てくださいね』みたいなたわいもない会話なんですけど、なんだかものすごく気持ちのいいやり取りでした。その時に泣けてきたんです。僕がお客さんに愛想よく接客するのならわかるんですよ。だけど、別にここの社長でも店長でもない、時給で働いてもらっているパートさんなのに、どうしてこんなに一生懸命、接客してくれてるんだろうって。それを考えた時に本当にありがたい気持ちになりました。つい、うるっときてしまって、その時は結局お店に行けずに帰ってきちゃったんです。

そこからですね。今まで無我夢中で上ばっかり見て、先のことばっかり考えて進んできた僕が、少しお店の方を見るようになったんです。それから、一人ひとりのスタッフのことを知って、ちゃんと向き合っていこうと思いました。本当にあのスタッフの方には感謝の気持ちでいっぱいです。うちで働いてくれているスタッフのみんなのことを大事にしたいって思うようになった、きっかけを作ってもらいましたから」

その気づきがあってから、自然とお店の雰囲気もよくなっていったといいます。接客もまた、お客さんに向けた店からのメッセージ。決して、5つ星のホテルみたいな接客はいらない。お客さんが気軽に注文できるフレンドリーな接客が、「とよ唐亭」からのメッセージとして育まれていったのです。

直営にこだわる理由

そうした接客を心がけてもらうための教育は、譲れない部分。それを維持、向上させていくことがリーダーとしての資質にもつながっていきます。

目立ってはいないけれど、すごく一生懸命頑張ってくれている人、いい接客をしてくれている人がたくさんいる。そこに、光を当てようと、覆面調査によって、そんな人たちを毎月表彰し、場合によってはどんなやり方をしているのか、参考にして展開していったり、年間MVPの表彰式を行っています。

それは、大きなことでなく、ささいなことでいい。これまでも無意識に取り入れていることなどに、時にお客の好感度につながるような行いがあり、現場でたくさん広がっていったからです。

「お客さんが来たら、作業をしていても目を見て受け答えをする。これだけでも印象が違うと思うんです。ちょっとしたことで、随分受け取り方が変わるんですね。『じゃあ、これがよかったから、みんなで共有してみてね』、『これを意識してやろう』とか、そういう風にして店舗展開していくことで、誰かのアイディアが採用されたりして、僕だけでなく、みんなのお店になっていくような感覚がいいなと思うんですよ」

みんなのおかげ。この意識が、右肩上がりに成長していくターニングポイントになったことは間違いありません。いろいろデコボコした壁は出てくるけれど、気付いた時に、その問題を引き延ばすことなく、共有して解決の方向へと持っていく。それが豊永の方針です。

「何においても、迅速に物事を解決に導けることはやっぱり中小企業のいいところだと思ってます。メニュー変更ひとつにしても、お客の反応を見てダメだと思ったら、すぐ取りやめることができたり、決定と実行が素早くできるんです。フランチャイズでなく、直営にこだわる理由も、安定した味の提供とともに、ここにあります。もちろん、いろんな人たちの意見を聴いたり、お客とのキャッチボールを大切にして、柔軟な姿勢でいたいという意識は徹底して持っています。それらを調整しながらスピーディかつオープンに決めていきます」

うまくいかない原因のほとんどは、コミュニケーション不足にあるといいます。

「店長とスタッフ、上司と部下という関係性であったり、お客さまと信頼を築くことにも関わることですが、うまくいかない場合、コミュニケーションが足りていないことが多いんです。言うべきことをちゃんと言えてない、分かり合えていない。うちでも、ここまでくるのに人のトラブルなど本当にいろんなことが山ほどありましたから。互いの考えや問題点を話し合ったり、頑張っている人を照らす場をつくったりすることが、どれだけ大切か身に染みています。コミュニケーションがうまく運ぶと、人間関係がスムーズになりお店自体もうまく回るようになりました」

「食卓に小さなハッピーを！」に真心を込めて

コミュニケーションを大事に、関係を円満にする解決策は、今では各店舗の看板に掲げられています。

「食卓に小さなハッピーを！」

この一文に、働く人、お客さんへ向けた真心が込められているといいます。

「これはお客さんに対するメッセージでもあり、僕らの共通の理念としてシェアしたかったので、あえてお客さんに見えるところに掲げました。

会社が成長していく中で、どんどん仲間が増えてきて嬉しい反面、最初の頃はわいわいと、みんな仲良くいられたのに、いろんな人が混じり合うことでいろんな考えがぶつかり

とよ唐亭 看板

合って、誰かが辞めていったり……。なぜこういうことが起こるようになるのかなという悩みの中で、僕自身どうしたらみんながひとつにまとまることができるのか考え抜いた末の答えがこれだったんですよ。みんなで共通の目標をつくって、その理念を掲げて、みんなの意識が同じ方向を向けば、『ここの考え方は少し違うけれど、軸となる部分はみんな一緒だよね』と再確認し合えるようになる。

ここがベースになるので、『お客さんにとって、ハッピーがちゃんと提供できるか』というところで考えることができるようになるんですね。ちょっとずれてるかなと思えば、調整していく。働く中で共通の指標がそれぞれの心に留まって、育めるようになればベストな状態でいられると思うんです」

一人ひとりが目指す小さなハッピーが集まって、広がっていく。そんなイメージを共有し合えれば、ハッピーの輪は、大きな幸せをお客さんへ、働くチームへ届けてくれるはず。

「これまで、本当にたくさんのお客さまに来ていただいて、お店も順調に運んで、10年間で50店舗以上ができたわけです。これって言うならば、お客さまに認めていただいている、喜んでいただいている証拠だと思うんですね。『ないと困るよ』って、そのぐらいの存在になりたいです。今はイノベーションにも力を注いでいますから、途中でやりたい方向性も変わってくる可能性もありますが、まだまだ100店舗を目指す気持ちで前進していきたいと思っています」

第4章　なぜどん底から這い上がれたか

イノベーションを心に

「実は、この夏1週間だけ、メニューをガラッと変えたことがあったんです。げんこつからあげ、やめたんですよ」

企業は業績が伸びて安定してくると、イノベーションが必要になってくる。現状に甘んじることなく、お客様に喜んでいただけるよう、常により良い商品づくり、改善点を模索し続ける姿勢が重要というのが、豊永の信念です。その中で、「げんこつからあげ」という看板商品それ自体の存在を見直し、モデルチェンジを図ったのです。

「唐揚げはもちろん唐揚げですが、サイズを小さめの一口サイズにして食べやすい方向へリモデルしたんです。うちでは、改革は常に必要だと思って取り組んでいるんですね。スタッフにいろんなアイディアを出してもらって、それを元に、実際に試食会をして社員全員にいろんな意見をもらいます。次の段階では、人の意見に左右されないよう、ブラインドテストを実施し、その繰り返しで構築していくんです」

変更した商品を店頭に出したその日から、メールやSNS、電話と、ものすごい数の反応が届きます。

「げんこつの形、あれがとよ唐亭の魅力です」
「2日に1度は食べているほどファンなので、なんとか戻せないですか」
「前の唐揚げを買うには、どこに行ったらいいですか」……「やっぱり、げんこつからあげがいい」というメッセージでした。

「噛んだ時の軟らかさや時間が経過した時の補水力などを見直して、かなり手を入れた分、自信満々でスタートしたんですが、お客様の反応は逆でした。そうやってアクションを起こされた方というのは、きっと氷山の一角ですよね。結論から言うと、その声を受けて、すぐ元に戻すことにしたんです。でも、1週間という短期間でしたが、お客様の声に支えられ、愛されていることが実感できたんです。本当にありがたいなと思いました。

そこに行き着くまでにもかなりの時間をかけて、メニューや看板もやり替えて臨んだんですよ。チャレンジから生まれてきた失敗、そのトライ&エラーは無駄じゃなかったと思うんです。取り組んだ努力の甲斐もあって、新技術を取り入れることができ、オペレーションの負担も減りました。そのぐらい大胆なチャレンジは、今後もやっていきたいなと思っています」

インスピレーション、変化を恐れない大胆な思考力、臨機応変なスピード感。豊永のビジョンは、別業態の事業を立ち上げるなども視野に入れ、躍動的に前進しているのです。

「初めは『とよ唐亭を100店舗出店する』という信念を強く持って進んできました。ですが、時代の波を受け、今は、こだわらないという選択肢も見えてきたんです。新しいプランも考えながら、2本ぐらいは『しっかりした足』で立っていきたいというのが本音です」

何かを始めるときは、同時に、引き際を意識しておくことも肝心と、話を続けます。

「経験がものを言うところで、『何をすれば成功するか』答えることは難しいですが、『何をすれば失敗するか』については割と見えやすいんです。その本質的な部分では、どんな業種であろうが、多分同じかなと思ってるんです」

その上で、ものごとの決断については慎重に進めていきます。

「例えば、唐揚げにいろんな味が3～4種類あって、それを決めていこうということであれば、みんなで考えたらいいことです。うちは割とそういうスタイルを持っていますし、そうすることで、自分たちで作っているという参加意識が芽生えますし、その共有感覚を大事にしたいと思っています。

ですが、大きな決断、大きな物事を決める時はひとりで行うようにしています。働いてる人たちにしてみれば、責任が取れないような判断を委ねるというのは難しいですし、自分以外、誰も責任が取れないところですから。やると決めてそれがダメであれば、それは根本的には僕の責任です。

1つのことに、すごく命がけで踏ん張って、何があっても耐えて……というような取り組みは美しいかもしれません。だけど、違うと思ったらさっと軌道修正する。その方が僕はビジネスとしては正しいのかなと思うんですよ。その見極めはすごく難しいところではあるんですよね。でも、もうちょっと粘ってみようか、手放そうか、自分でどちらか決めたなら、その判断をいかに正確に早くしていけるかで、人生は好転していくかもしれません」

ギャップが人生を面白くする

内装リフォーム業、数々の飲食店、これまで挑戦し続けてきたことを振り返ると、見えてくるもの。それは、「成功」するまで決してあきらめないこと、成功してもなお向上し続けることだと、豊永の行動から映し出されます。どん底にいた時、そこから這い上がり、突き動かされるきっかけになった原動力は一体何だったのでしょうか。

「そのことについては本当によく聞かれるんです。そして、何だろうって悩むんです。強いて言うなら、月並みな言葉ですが、『七転び八起き』が僕のモットーです。もう僕自身の生き方がまさにそうですから。1回やってみてダメだからといって、そこであきらめたら、やってきたこと、この先のことすべてが終わり。だったら、うまく行くまで何度でも何度でもやり続けるしかないんじゃないのかなって。8回転んだとしても、また起きればいいじゃん、って」

それにしても、あきらめないため、起き上がるためのバネのような瞬発力、ハングリー精神はどこから湧いてくるのでしょう。

「うーん、何でしょうね。朝起きると体が動いちゃう。それだけなんですよ。電気が止まって、取り立てが来て、もう終わったなという時期もあった。それでもやっぱりこう、またチャレンジしようという気持ちになるんです。1回もやめようって思ったことがないんですよ。だから、『心臓に毛が生えとるんで』って冗談で言うんですけれど、立ち上がるのが当たり前ってくらい、性分なんでしょうね。酸いも甘いも含めて、楽しめているところあるのかな」

無意識に自分自身の人生を俯瞰で見つめられるところが、冷静に現実を捉え、立ち止まらずに一歩を踏み出す源になっているのでしょうか。

「昔、どなたかがこう言ってたのが印象に残っているんです。『映画のストーリーは起承転結があるから面白いんだ』と。これが最初からうまくいったなら、なんにも面白くないし、感動もなくて泣けないだろうと。こういうビッグウェーブ級の波があるからいいんだって。人生なんて、1つのドラマだと思えばいい。このギャップがストーリーを面白くするんだって」

そして、いつかこの苦労話を笑って話せる時が来る。そう仕事仲間の友人に話していたそうです。

「当時、内装のほうの仕事をしていた時期、今はうちの経営陣になってくれているんですけど、その彼は僕と一緒にずっと大変な時代を過ごしてきて、半年ぐらい給料も渡すことができてなかったんです。でも、ついてきてくれたんですね。で、どん底の時に僕が彼に言ってたことが全部ほんとになったんですよ。

会社の電気も電話も止められて、真っ暗な部屋の中で、こう言ったんです。『いずれ抜け出せる、大成功するよ』『だから、みんなあきらめちゃダメだよ』というような話を、いずれする時が来るよって。

この苦労話を人に話したり、誰かが勇気づけられるとか、なぜだかそういうことがイメージできていたんです。変な話、どん底にいるのに、こういう逆境はウェルカムみたいな捉え方をして、『これは、人生のいいスパイスだ』って思っていました。うまくいく根拠もないし、ただそう信じたかっただけなのかもしれないですけど、いずれ絶対そういう時が来るんだって、自分の中でただ感じるものがあったんです。彼は、こいつアホかって思ってたと思いますよ。今、講演に呼ばれて話をしてくださいと頼まれる機会があったりするんですけど、その時にこの話をしています」

猪突猛進な行動力と大胆なチャレンジ精神。「自分を信じる」信念に突き動かされてきた生き方は決して間違っていなかったと、今ある成功が教えてくれているかのようです。全スタッフと共有する〈とよ唐マインド〉は、その類いまれな経験に基づいて生まれました。

〈とよ唐マインド〉

1. 素直で謙虚、いつも明るい人であろう
2. 現状に満足せず、常に創意工夫しよう
3. いただきます、ありがとうを、きちんと言える人であろう
4. 不平不満や悪口を言わず良い所を探そう
5. 仲間に愛を、チームワークを大事にしよう
6. 陰日なた無く行動しよう
7. 当たり前の事をきちんとやろう
8. 成長と学びを一生追求しよう
9. 食べ物を粗末にせず、全ての物事に感謝しよう
10. 相手の立場になって考えよう
11. 苦難を楽しむ精神力を持とう

この〈とよ唐マインド〉は、社員とアルバイト・パートスタッフ全員に共有されている社訓です。常日頃、会議の場や働く上でもごく自然に会話に出てくるようになればと、共通意識として豊永が創り上げたものです。

「マインドとして掲げていることは、昔から学校の先生や親御さんからなど当然ながら日本人がいわれてきたような当たり前のことですよね。直接、仕事にはあまり関係なさそうなマインドなんです。だけど、ここで『じゃあ、本当に分かってるの？　できているの？』と問われた時に、大半にとって『いや、なかなか……』というような受け止め方が普通だと思うんですよ。人間だから、完璧は無理ということは承知済み。ただそれを意識して取り組んでいくことで、自分自身の人生がいい方向に進むよって。僕自身、すごく大事だと思ってることなんです」

ここで、11の〈とよ唐マインド〉について、豊永の言葉で解き明かしてもらいましょう。

1．素直で謙虚、いつも明るい人であろう

「僕が感じるまま一言で言うと、〝こういう人が好き〟ということです。そして、僕もこういう人間でありたいと思ってます。これまで、いろんな経営者の方、それ以外にも、〝あ、素敵だな〟と思う人がたくさんいるんです。そういう方々を見ていて、共通しているのが、この素直さや謙虚であるということ。人間が生きていく上で、成長していく上で、絶対に必要な要素だと思うんです。例えば、どんなに料理の腕が良くても、謙虚さを忘れた人間は、成長を自らストップしちゃうんですよね。年代も、性別も関係なしで言えることだと思います」

2. 現状に満足せず、常に創意工夫しよう

「僕が勝手に師匠と思ってる方がいるんですね。企業の取締役で、一時期いろいろと相談させていただいていた方で、もう何十年もお会いしていないんですけれど、〝商売とは何か〟ということを教えていただいた方で、その方の口癖なんです。今の状態が決してベストではないんだ、常に事がうまくいっていたとしても、もっと工夫できることはないか。この、既存のものをぶち壊して新しいものに変化させていく『イノベーション』精神は忘れちゃいけないということです。

それから、常に意識するようになっているんですね。例えば、唐揚げの揚げ方ひとつにしても、最初は何分で揚げて、二度揚げにしても何分って決めているんですけども、〝もっと美味しく揚がる方法がもしかしたらあるかも〟という、追求する精神を忘れないでいるということです。〝今が決して完璧ではないよ〟ということを教えていただき

ました」

3. いただきます、ありがとうを、きちんと言える人であろう

「このままの意味ですが、言うならば、〝礼儀〟です。いただきますという言葉は、命を頂戴しますという意味ですよね。私たちは食べもの、命を扱っている立場ですから、絶対に食材を無駄にしてはいけないという意識を人一倍持っています。命をいただいて、自分たちの命をつないで生きていますから、〝いただきます。そして、ありがとう〟という気持ちを大事にして、この言葉をかけ合おうというスタンスです」

4. 不平不満や悪口を言わず良い所を探そう

「根本的には人の悪口を言わない文化は、人間関係がうまくいくと思っています。もち

ろんゼロではないですよね。働いている中で、つい無意識に、それって悪口になるんじゃない？　というような場面が出てくることは、今でもあります。ただ、このことをきちんと明文化して、活字で掲げていることで、本人がなんとなくぼやきみたいな感じで口に出た無意識の言葉を、〝それ、とよ唐マインドでNGじゃない？〟って誰かが言い出したり、自分でダメだよねって取り消して反省する、その繰り返しだと思うんです。

それよりも、〝人の良いところを探そう〟ということがすごく大事。前にお話ししたように、人には長所もあれば短所もある。みんなそうだと思うんで

年１回行われていたアワードの様子

すが、どうしても他者に対して、悪い方に目が行くものなんですよね。そこじゃなく、そういう時は良い方を見ようねって、心がけについて働きかけるマインドです。

お店でも、直接スタッフと毎日接する店長の立場で、ちょっと頭が痛い人というのもいるわけです。でも、例えば、その人のいいところをあえて聞いてみると、遅刻を1回もしたことがないという返事がかえってきたりします。

そうすると、そこで3年間で1回も遅刻してないってすごくない？　という方に目を向けてみるんですね。そんな感じで、いい部分に目を向けていたら、悪いところがあったとしても、こういうところを伸ばせるようにしたら、もっと活躍できるんじゃないってプラスの面を引き出しながら見方を変えていく。お店の長である店長がこいつは……って思ってたら、その人の可能性はないわけです。だから、そういうふうに〝いいとこ探そうね〟って、少し引いて見る提案をすると、〝言われてみたらそうかも……〟って、もう一度向き合って、きちっと話して頑張っていこうって方向になったりするんですよ」

5. 仲間に愛を、チームワークを大事にしよう

「この仲間というのは、友だちという意味ではないんですね。

仲間って何かと言えば、要はチームのメンバーなんですよね。チームで1つの目的の元に集まっているのが仲間であり、甲子園を目指している野球部の部員みたいなもの。個人がすごく才能があるというより、彼が持つプラスの部分を生かしながら、マイナス面を誰かが補ったりしていって、トータルで勝ちにいこうという考え方です。僕らはチームとして、仲間として仕事をしているんだよということです。仲間という定義を履き違えずに、理解してほしいなと思っています」

6. 陰日なた無く行動しよう

「誰からも見られていない時に、どれだけちゃんと行動できるかが、その人の本質。そう思っているので、常日頃そのことをみんなが意識していくと、変わっていくし、意外と本当に変わったなってことが感じられるんですよ。繰り返し、聞きながら意識することで、〝行動が変わってきました〟って割とみんな言ってくれますね。嬉しいことです。何が違うかというと、マインドを飾りみたいに、ただ掲げて置いておくだけではなく、本当に日常的に頻繁に、こういう話ができているんです。だからこそ、深く浸透しているんじゃないでしょうか」

7. 当たり前の事をきちんとやろう

「僕、自分で決めていることがあるんです。朝1番に来て、トイレ掃除することを徹底的にやってるんですよ。時には先を越されて2番手になることももちろんあるんですけど、でも、自分の中では〝1番に来て、僕がトイレ掃除をする〟と、当たり前に朝は掃除から始まるんだというところですね。そこは自分の中でちゃんとやろうって決めて行動しているんですね。

誰かの言葉を借りて言うと、「凡時徹底」という言葉があるんです。「なんでもないような当たり前のことを徹底的に行う、極めていくこと」

表面だけやっても、これは全く意味がなくて、きちっと徹底してやるところに意味があるんですね。それを必ずやる、繰り返してやる。掃除なら、適当に丸く掃くだけじゃなく、隅までしっかりやり続けること、それの繰り返し。そういうのって、心がこう整うという感じですごく大事だなと。年始の目標で各自やったりもするんですけど、そこを自分に置き換えて、何でもいいんですけれど、徹底してやるということで何か得るものを感じてもらえたらと思っています」

8. 成長と学びを一生追求しよう

「いつになっても成長しようという気持ちと、学ぼうということ。これは死ぬまで追求しようと思っています。僕の知っている経営者の方が入院されて、余命がそう長くなかったんですけど、ベッドの上で英会話を勉強していました。最後まで成長意欲をお持ちで、そのぐらい成長を学ぶということは大事だと伝えています」

9. 食べ物を粗末にせず、全ての物事に感謝しよう

「やはり、食品ロスの取り組みについては人一倍気にかけています。飲食店って、どうしてもロスとの闘いなんですよね。うちでは基本的に、できるだけロスを出さないよう

なやり方を、徹底してシステマティックに行っています。具体的に言えば、これまでの売上げのデータというものが日々蓄積されており、10年分のデータがあるんですね。そこから、平日と週末、天候、この日のこの時間帯のこういう場合は、おそらくこのぐらいしか売れないから、このぐらいの量にコントロールしようという、そういった数字を共有しながら調整しています。

これはより具体的に、食べ物を粗末にしちゃいかんということです。食べものは命。僕たちはそれで商売をさせていただいて、お金をもらっているんだから、自分の身の回りに起こるすべての物事は、良いことも悪いことも含めて、実はありがたいことなんだと。きっと必要に応じて起きていることだから、それを感謝するぐらいの気持ちを持ちたい。実際、僕自身がこのことをすごく感じてきた人間ですから。その時は、確かについてないなって思ったりもするんですけど、結果的に、「あの時代、ああいうことがあったから、今があるんだ」ということを経験した上で、今、起きていることは必ず意味がある、だから、乗り越えていこうねと。感謝を忘れずにいようということです」

10. 相手の立場になって考えよう

「どうしてもこう人間って、相手の立場になって考えてみることが大事とは、頭では分かってるんですけど、感情が先に立ってなかなかそうできないことってごく当たり前に起こり得ることでしょう?

だけど、例えば、同じ家に生まれて同じ親に育てられて、同じ先生から習って、同じ友達と付き合ってくれば、多分その人と同じ考え方になるはずなんです。だから、その人が言ってること、その人がやってることは、その人自身にとってみれば当たり前のこと。自分から見たら、〝あなた、何言ってんの?〟っていうこともその人にしてみたら、それは正義なんですよ、ということを、理解してみようということなんです。

人間は、生い立ちとか、その後の環境、いろんなところで自分の価値観が作られていくし、全く同じ価値観の人なんていないですよね。でも、自分がもし本当に相手の立場であれば、同じこと言っちゃうんですよってことが理解できれば、まず、自分がとんでもないと思う相手の意見も一旦受け入れられるんです。

多分、普通ありえないでしょっていうその〝普通〟ってないとよ、その人はそれが普通って思ってるだけって理解できれば、争いってだいぶ省けるんですよね。その人が正義と思ってることを崩すことってめちゃくちゃ難しいから、バチバチと火花が散ることになってしまう。そういう時は、想像力を働かせて、一歩引く。その人にはその人の正義があるんだという前提で、理解を示しながら話をすると、意外とスムーズに行けるんです。お互いがそう思えれば、ですね。

それは難しいことなんですけど、想像力と理解、それが当たり前の文化として、うちにはあるんですよ。どんな人のどんな発言も、その人にとっては、それが正しいと思うと正義になる。だから、一旦受け入れて、そこから対話していくことが大事なんです。遠回りしているように思えるところに解決の道があるんじゃないでしょうか」

11 苦難を楽しむ精神力を持とう

「これは、紆余曲折を経てきた僕自身の経験から来ている対処法ではあるんですけどね。大変な時こそ、その一念に捉われず、考え方を変えて楽しむぐらいの精神性を求めると、必ず道は開けてくるよって。そういう気持ちで向き合いたいね、ってことです。

そういう争いごとが起こる場合は、一歩引いて、自分自身を見つめることも必要です。客観的に自分が、大変な自分をちょっと遠目で見て、受け入れてあげる感じ。だから、辛い時は辛い、きつい時はきついって言おうぜって。人間やしね、しゃあないって。落ち込むときは落ち込んでいいけど、1時間ね、徹底的に落ち込んで1時間経ったら、また元に立て直せるように、その積み重ねが心を強く、優しくしていってくれると思うから。自分の経験から、社員やスタッフにも伝わるといいなと思ってるんです。

かつて引きこもりだった社員も、人としてひと回り成長した実感を感じてくれているみたいなんですよ。〝自分で自分が変われた、だから、俺はこの会社にいるんだよ〟って、本人が口に出して言ってました。やっぱり、そういう言葉が聞けると、嬉しいんです。人から評価される以上に、自然と自己評価、自己肯定感を高く持てるようになっているんですよね。

かっこよく言えば、それこそが僕のひとつの使命かなと思ってるんですよ。500人を超える人たちがうちで仕事をしてくれているわけです。なにかご縁があって、それだけの人が集まってきてくれた。僕にはそういう使命が必ずあるんだろうと思ってます。

だから、それをとよ唐マインドというテーマに掲げて、こういう形で伝えていくことで、少しでも人間関係が良くなったり、それがきっかけで、明るい自分になれた、チャレンジできるようになりましたとか、そういうポジティブなことがたくさん生まれてくればいいなと思っています」

ラジオが深めるコミュニティ

この11のテーマを盛り込んだ〈とよ唐マインド〉がより浸透していくように、さらにオープンなかたちで間口を広げて取り組んでいるのが、毎週木曜日にオンエアされているコミュニティラジオ「とよ唐亭ラジオ げんこつからあげの『ヒト・モノ・夢』」（77.7MHz COMI×TEN）です。社内向けに始めた30分の番組内に、〈とよ唐マインド〉のコーナーを設け、毎回1テーマずつ取り上げています。

「毎週木曜日のラジオ放送も、気づけばもう2年ほど、200回近くになります。ラジオを立ち上げたきっかけとしては、知人がある時、〝ラジオやってるんですよ〟っていう話をされて、すごいですねって内容を聞いてみたら、ローカルなコミュニティラジオで気軽にできますよと教えてもらったんです。それで、社内向けに番組を持てたら面白いなと思って、その日のうちにラジオ局に連絡して、その1週間後にはもうオンエアしていました。

番組も、真面目な話、仕事の話ばっかりやってたら面白くないでしょう。とくに若者をはじめ、みんなに聴いてもらって楽しいなと感じてもらえるよう

とよ唐亭ラジオ「げんこつからあげのヒト・モノ・夢」のひとこま

な和気あいあいなものにしようと思いました。その中で、〈とよ唐マインド〉といった会社の理念となるものを織り混ぜていったんです」

番組は「人と夢」をテーマに、毎回、社員やスタッフにスポットを当てたもの。

「企業の経営資源として「ヒト・モノ・カネ」といわれてきたじゃないですか。お金ももちろん大事です。なんだけれど、その中でいちばんの支えであり大事だと思っている〝人〟にフォーカスしたかったので、番組タイトルを『ヒト・モノ・夢』にしました。

元々は友人の経営者なんかをゲストに呼ぼうかと思っていたんですが、それよりお店のスタッフにスポット当てた方が面白いかもね、という発想で始めました。僕にもまだまだ夢がありますし、その人一人ひとりに〝夢〟があるっていいなって、単純にそういうところから。最初は社員だったり、店長だったりに来てもらい、そこからさらに店長推薦で面白いスタッフに出演してもらって、ざっくばらんにトークしています。お店によっては、出たい出たいって手を挙げる人もいるんですよ。例えば自分で劇団活動しているので、ちょっと宣伝したいとか。学生の方なんかは割とそういった夢を語ってくれたりします。

店舗が増えてくると、みんなと顔を合わせて会話することが不可能になってきますから、最初はSNSでグループを立ち上げて、そこにいろんなメッセージを発信しようかなとか思っていたんです。でも、活字よりもこういったコミュニケーションの方が多分伝わるでしょうし、社長って遠い存在になってしまうのが、ぐっと近づく感じもして、自然体で楽しんでいます。出ることがちょっとしたモチベーションになってくれたら嬉しいなって。

ただ、お金を儲けるだけだったら、会社っておそらく長くは続かないことも多いでしょうし、先ほども述べたように使命感を持って行うのが経営者じゃないかなと思っています。そういう気持ちから社員へ向けて発信したり、ラジオ放送も続けているんです」

世界に拡げる未来

2022年8月には54店舗目となる博多南店をオープンさせた豊永。現状から、この先の未来をどう描いているのでしょうか。

「世界を飛び回るという話は以前からしていました。実際にチャレンジしたこともあるんですよ。最初に出店したのはベトナムなんですけれど、まあ単純売れませんでした。向こうって食材が日本ほど新鮮じゃないからか、かなり加熱して食べる食習慣で、しっかり火が通ってないものは食べないんです。だから、ジューシーという感覚は受け入れられませんでした。

手を替え品を替え、頑張ってお金をかけてリニューアルして、うまくいくパターンとやっても無駄なパターンがあると思うんです。この時は、もうここで終わった方が賢いと思い、撤退しました。その後が台湾。台湾は日本の食文化に理解がある国なので、その計画中にちょうど会社をつくったんですね。法人を設立する直前にコロナ禍となり頓挫しましたが、収束せずに長引いていますから、取りやめて正解だったなと思います。

そうですね。いずれは、例えば、ニューヨークとシンガポールに海外店を出してみたいですね。仕事関連の仲間との会話で『今どこにいるの？　今ニューヨークですよ。こっちはシンガポール、じゃあ明後日、香港で会おうか』みたいな感覚で、自分の視野をまだまだ広げてみたいです」

失敗は成功のもと。豊永の内から湧き出る情熱と行動力は「まずはやってみること」「はじめてみないことには何も感じられず、何も得られない」ことを教えてくれます。

そして、波乱に満ちた歩みから、失敗しようともネガティブな経験を無駄にせず、それをバネにして何度でも乗り越えようと踏み出す力は、勇気を与えてくれます。

スタートは、たった一人で切り開いてきた道。社長になる夢を叶えた後、事業が拡大し仲間が増えていく中で、豊永は「人は決して一人では進めない。人に支えられてこそ、組織も自分も成長していける」ことに気付きました。

それは、このサインに気づくか気づかないか、または受け入れるかそうでないかで、その後の経営や人生も大きく異なってくることをイメージできる力とも言えます。

日本経済が停滞期を迎え、世界的不況状態が続く中、21世紀のフェーズは「こころの時代」と言われるようになりました。本当の意味での豊かさを問う現代社会を私たちは今、経験しています。経営においては、リーダーシップとマンパワー、そのどちらが欠けても物事はバランスよく成り立ちません。そして、マンパワーにおいては、個の部分をいかに育て、全体の調和を奏でていくか。そこがリーダーの手腕でもあり、資質が問われる時代にもなっています。

誰しも、毎日、小さな選択の連続を経験しています。

例えば、仕事で疲れた日。

「今日は何か買って帰って手早く済ませよう」と足を向けた先に、いつものお店、いつもの顔がある。何気ない「おつかれさまです」の笑顔やちょっとした会話に、癒された り元気がもらえる。近所で愛用するお弁当屋さん、もしくは初めて立ち寄ったお店が、その人にとっての日常になっていくのです。

「食卓に小さなハッピーを！」のキャッチフレーズには、美味しく楽しく食べてもらうことに加え、日常の中、心にほっと灯りがともるような、付加価値が生まれればとの思いが込められています。

売上げ至上主義より、こころ至上主義であれ。つながり合う人の心がポジティブな波をもたらし、優しさや小さな感動が人を動かしていく時代です。

経営者にとって求められているのは、利益追求の前に、他者に共感する心であり、変化を恐れず、良いと判断できるものは積極的に取り入れていく、有機的なしなやかさではないでしょうか。

「とよ唐亭」が各地域で親しまれ、日常的に愛されている原点は、そこにあるのです。

夢を叶える十ヶ条

これまでの人生の歩みを振り返ると、「社長になる」夢を叶えた豊永が、日頃から心がけ、実践することに、夢をかたちにするヒントが凝縮されているように思えてきます。

経営者としてだけでなく、人として、前向きに信念を持って、仲間と楽しく懸命に行動していくこと。豊永の人生から抽出した〈夢を叶えたい人に贈る十ヶ条〉を、まとめとして最後に記したいと思います。

この本を手にした人の人生がより良い方向へ進むよう、背中を優しく押し、行動する勇気を芽生えさせるきっかけになる十ヶ条。それは誰もが自分に置きかえて、試してみることができます。

大きな物事だけでなく、日常の中で生じるちょっとした悩みごとや困りごとの解消、目標を立てるときの指針としてなど、心がけを意識し踏み出してみること、その積み重ねが、気づきや心の糧となり、成功の道へと導いてくれるかもしれません。

すべては、あなたのこころ次第なのです。

〈豊永社長の、夢を叶えたい人に贈る十ヶ条〉

夢・目標を立てること

まず一歩前へ、行動すること

意欲・チャレンジ精神を失わないこと

転んでもめげずに起き上がること

経験や失敗を生かせるよう努力すること

「成功」するまでやり続けること

成功しても向上心を失わないこと

他者を尊重し悪口は言わないこと

人を愛し、仲間を大切にすること

どんな時も自分を信じること

あとがき

「縁」という言葉が好きです。

人と人との間で結ばれるご縁は、人生の宝もの。座右の銘である「七転び八起き」（私の人生そのもの！）の由来にも、転んでも転んでもくじけずに起き上がるだるまが縁起物（縁によって吉兆の兆しが生ずるもの）として登場します。

この度、私の未熟な経験や人生の糧としているものについて、出版のかたちでお伝えする機会を得ましたのも、ご縁があってのことでした。

その昔、福岡の大手飲食店の代表が出されていた本を手に取ったとき、「いつか自分もこういった本を出せるようになりたい。いや、なれる！」と思ったことがあります。
そうできたらいいなとは思っていましたが、いざ活字になったページをめくっていくと、いろんな感情が湧き出てきて、大変感慨深いものがありました。会社の歴史を振り返り、これまでの人生を俯瞰して見つめることは、改めて気づきとなり、私自身の励みとなったのです。

私は、決して模範となる生き方、褒められるような生き方をしてきたわけではありません。ですから、「僕みたいな人間が偉そうなことをいいよるな」とも思いますけれど、50代半ばを前にして、真正直に、直球勝負でやってきた自分と向き合い、再認識したことがあります。

それは、この本を手に取ってくれた人に、「自分なりのメッセージを届けたい」という思いです。

いちばんに届けたい相手は、もちろん、ともに働いてくれているチームであるスタッフのみんなです。この本を読むことによって、普段からよく話し合う会社の理念がより深まり理解につながることを願っています。みなさんがいてくれるから、会社がこんなに元気で魅力的に輝いているのだから。

「本当に、いつもありがとう」。

そして、同時代を生きる人に向けて。飲食業に携わる人や、うちのお弁当を食べてくれたことのある方、社会人、学生さん、主婦（主夫）業や子育てで忙しい方など……ご縁があるという言い方は大げさかもしれません。この出版というアクションが何かしらの手がかりや結びつきになると嬉しく思います。

私が経験してきた体当たりのがむしゃらな生き方、数々の失敗、そこから得た学び……受け取り方は人それぞれ、反面教師だとしてもかまいません。その人にとって、チャレンジしてみようという気持ちになれたり、いい方向に人生が変わるような〝きっかけ〟になってくれたら本望です。

本のタイトルには『こころ至上主義』と付けました。

書籍として、自分の指針を出すにあたって、私が大事にしてきたもの、これからもずっと大切にしていきたいものは何かと自問してみたとき、ごく自然な感情でたどり着いたのは、「こころ」の部分でした。人としてどうあるべきか、自分にとっても他者に対しても、いつのときも思いやりを持って気持ちよくあろう、ということです。

時に講演会に呼ばれて話をする機会をいただきます。内容としては、経営戦略やビジネスに必要なマーケティングスキル等についてリクエストされることが多いのですが、そんなときも最後には、「こころ」についてのお話をします。

経験上、小手先で売上げを伸ばしたとしても一時的にはよくても、結果、中身がないと長続きしません。人を大切にするという本質を前提に考えて行動していくことが、私の会社としてのスタンスであり、存在意義なんです、と。

そして、売上げを重視するより、人を大切にする人を育てることは時間がかかることかもしれません。遠回りに思えるかもしれないけれど、人も会社も成長するためには結果としていちばんの近道だと思っています、と。

そんな話をすると、こんなお手紙をいただくことがあります。「今の自分は大変な状態ですが、お話を聴いて励みになりました、もう1回チャレンジしてみようと思います」。

この方のように、何より心がけが大切なことをハートで感じて身体に落とし込んでくれた方が1人いれば、その人からまた別の人へと伝わり、同じ志の人が増えていくかもしれない。そんな幸せのループが広がっていくイメージを常に抱いて、これまで過ごしてきました。

いい人生にするために、私が提案するのは、ただひとつ。

小さな、ささやかなことでいい、自分との間で決め事をして実行してみましょう、ということです。種蒔きするように、それを続けて育んでみることによって、自分の中に手応えや自信のような何かが芽生えてきます。その成功体験をクセづけてトレーニングを重ねれば、やがて大きな物事に向き合ったとき、きっとそれに見合う力がついているはずです。

継続の、その先へ。

どんな素晴らしい景色が広がっているか、それを見ることができるのは、その世界を作り上げていくあなた自身だけなのですから。

私自身もまだまだ見たい風景がたくさんあります。長い道のりの通過点にいるに過ぎません。人生、七転び八起き。くじけたとしても、だるま精神で起き上がって、ともに歩いていきましょう。

2022年12月

豊永憲司

【語り】
豊永憲司（とよなが・けんじ）
株式会社喰道楽　代表取締役社長

1970年8月18日、福岡市博多区生まれ。大濠高校を卒業後、九州産業大学（化学専攻）に入学、2年生の時に中退。内装業、飲食業の経験を経て、2012年5月、福岡県筑紫野市二日市に、唐揚げテイクアウト専門店『博多とよ唐亭』第1号店をオープン。「食卓に小さなハッピーを！」をコンセプトに、日常使いできる看板商品「げんこつからあげ弁当」がヒットし、現在、福岡、佐賀、熊本に約50店舗を展開中。2021年、「喰道楽」の社名で法人化。オフィスには、社員とともに常時、数匹の保護猫がくつろいでいる。

【聞き書き】
前田亜礼（まえだ・あれい）

繁盛店《はんじょうてん》にはわけがある
小《ちい》さなハッピーを届《とど》け続《つづ》ける「とよ唐亭《からてい》」のこころ至上主義《しじょうしゅぎ》

令和5年1月30日 初版 発行

著　者　豊永憲司
発行者　田村志朗
発行所　㈱梓書院

〒812-0044 福岡市博多区千代3-2-1
tel 092-643-7075　fax 092-643-7095

ISBN978-4-87035-755-6